NOTICE HISTORIQUE

SUR LA PETITE

ÉGLISE SAINTE-ANNE

ET SUR UNE PARTIE DE LA

MONTAGNE DE GOUIRON.

NOTICE HISTORIQUE

SUR LA PETITE

ÉGLISE SAINTE-ANNE

ET SUR LA PARTIE DE LA

MONTAGNE DE GOUIRON

OU CETTE ÉGLISE EST SITUÉE.

AIX,
IMPRIMERIE D'AUBIN, SUR LE COURS, 1.

1845

AVERTISSEMENT.

——o✿o——

La notice que nous offrons au public, n'a pu recevoir tout le développement dont elle était susceptible. Il a fallu surmonter de grands obstacles pour la présenter même dans l'état d'imperfection où elle se trouve. Privé de toute ressource relativement à la partie antique, nous avons puisé dans les principes généraux de la science, des données qui n'ont pu servir qu'à former une histoire présumable du local. Quant à l'histoire du moyen-âge, nous avons eu quelques indices, souvent bien légers, dont il a fallu nous contenter. Des visites réitérées sur les lieux ont puissamment contribué à la confection de ce travail. D'un autre côté, pressé par le temps, nous n'avons pu pousser assez loin l'investigation sur des matériaux qui existent peut-être dans divers manuscrits. Nous offrons donc cet ouvrage tel qu'il se trouve. On verra cependant que tout y a été traité avec soin, et que nos hypothèses reposent sur quelques faits positifs, ou sur des présomptions qui semblent exclure le doute.

Nous devons témoigner notre reconnaissance envers les personnes qui nous ont procuré une partie des renseignements dont nous avions besoin, et qu'on ne pouvait trouver qu'à Lambesc ou dans les archives de cette ville.

Nous placerons en première ligne M. Léon Tronc, propriétaire à Lambesc, qui s'est procuré sur les lieux, des documents quelquefois intéressants et qui nous a servi de guide dans nos excursions à Gouiron et aux environs.

M. Julien, entrepreneur de constructions à Lambesc, a fourni la mensuration des souterrains, les dimensions de l'église, etc.; il nous a fait remarquer l'indentité existant entre les pierres du monument et celles de la carrière située sur les lieux. M. Julien nous a rendu ces divers services avec une obligeance qui en relève le prix.

Nous avons aussi des remercîments à faire aux diverses personnes qui nous ont fourni des renseignements écrits, concernant Sainte-Anne. Nous avons profité de leurs bienveillantes communications.

Il reste à dire un mot sur les motifs qui nous ont déterminé à appeler la montagne *Gouiron*, plutôt que *Goiron*. Ces deux mots figurent indistinctement dans les instruments. Il fallait cependant choisir la meilleure orthographe, et ensuite l'adopter invariablement. Pour y parvenir, nous avons consulté l'acte authentique le plus ancien. Nous n'en connaissions pas d'antérieur à la donation de Theudebertus, faite en 1146, à André, fondateur de Silvacane. Dans cet instrument, rapporté par Pitton, auteur des *Annales de l'église d'Aix*, la montagne est appelée *Guirono*. On sait que la lettre *u*, en langue latine, se prononçait comme *ou*. *Gouiron* est donc la traduction la plus littérale de *Guirono*. *Goiron* est entièrement moderne. Dès cet instant notre choix n'a pu être douteux.

NOTICE HISTORIQUE

SUR LA PETITE

ÉGLISE SAINTE-ANNE

ET SUR UNE PARTIE DE LA

MONTAGNE DE GOUIRON.

PREMIÈRE PARTIE (*).

DESCRIPTION D'UNE PORTION DE LA MONTAGNE DE GOUIRON, DU PLATEAU QUI LA DOMINE, DU DOMAINE DE LA BAUME ET DE L'ÉGLISE SAINTE-ANNE.

La montagne de Gouiron, située entre Lambesc et la Roque-d'Antéron, se prolonge dans la direction de l'est à l'ouest, sur une étendue d'environ trois lieues. Un chemin construit pour la circulation des voitures, conduit de Lambesc, au pied du mamelon le plus élevé. Quoique neuf, le

---

(*) Nous diviserons cette Notice en trois parties. Dans la première, on trouvera la description d'une partie de la montagne de Gouiron, du plateau qui la domine, du domaine de la Baume et de l'église Sainte-Anne. La deuxième, contiendra l'histoire des mêmes lieux. Nous indiquerons dans la troisième, les avantages à retirer du local et les améliorations à faire sous le rapport de l'archéologie chrétienne.

chemin est pierreux et très difficile en plusieurs endroits de la côte. La partie sud de la montagne n'offre aujourd'hui que des rocs nus et arides ou quelques bois rampants clair-semés. Mais à peine l'a-t-on franchie, que l'œil est agréablement surpris à l'aspect de forêts de chênes blancs, de chênes verts et de pins, dont la puissante végétation contraste avec la nudité des montagnes, qui attriste les regards dans presque tout le midi de la Provence. Jadis, ces monts étaient aussi couverts de forêts ; mais la main des hommes les en dépouilla, pour obtenir par des défrichements faciles, d'abondantes récoltes. La comparaison du présent avec le passé fait naître des sentiments bien douloureux. Les auteurs de ces méfaits en ont légué les tristes fruits à leurs neveux. Le terrain qu'embrassaient étroitement les vigoureuses racines de ces arbres séculaires fut, dans moins d'un demi siècle, entraîné par les pluies au fond des vallées, et de là emporté à la mer.

Ce pénible sentiment est bientôt effacé par le spectacle dont on va jouir. Arrivé sur un vaste plateau situé au sommet de la montagne, le voyageur découvre à l'extrémité nord, les Cévennes, dont les ramifications donnent naissance à douze grandes rivières, plus près le mont Ventoux, couronné de neige pendant la plus grande partie de l'année, les majestueuses chaînes des Basses-Alpes, celles de Vaucluse et la chaîne du Léberon, que l'on voit s'étendre presque parallèlement au cours de la Durance. On remarque encore dans une immense étendue, la belle vallée formée par la Durance. En portant ensuite les regards vers l'est, l'œil découvre les montagnes du Piémont, celles de Trets, au pied desquelles Marius extermina les Embrons et les

Teutons réunis. Devant elles, apparaît, comme un géant, le mont Sainte-Victoire. On distingue au loin le col de Tende, passage qui conduit du Var au Piémont, ensuite les montagnes du Var, celle de la Sainte-Beaume, célèbre par un monument religieux, entouré de traditions pieuses, la gracieuse chaîne de Notre-Dame-des-Anges; plus loin, les énormes roches, à formes sauvages, situées derrière Marseille. Leurs rudes contours sont merveilleusement adoucis par la teinte azurée que l'espace donne aux objets éloignés. On distingue encore une partie de la Méditerranée. En promenant la vue, on voit ensuite une grande portion de la mer intérieure, vulgairement appelée l'*Étang de Berre*, les barres de roches calcaires formant la chaîne de l'Estaque, puis la partie de la Méditerranée où se trouvent les embouchures du Rhône, le *Campus Lapideus* des anciens, aujourd'hui la Crau, plaine couverte de cailloux roulés que dans l'antiquité on croyait provenir d'une pluie de pierres, envoyée par Jupiter. Plus loin, la vaste Camargue, renommée par ses mirages et les Alpines ou Alpies, dont le nom est d'origine gauloise.

Le Rhône, la Durance, le Lar, improprement appelé l'*Arc*, la Touloubre, de nombreux torrents, des ruisseaux, les canaux de Craponne, de Boisgelin, de Marseille, avec son pont-aqueduc de Roquefavour, sillonnent dans tous les sens cette immense étendue.

Le nombre de châteaux, villages et villes que l'on distingue de ce lieu privilégié, n'est pas moins considérable. Nous nous contentons de citer le vieux *Lambriscum*, aujourd'hui Lambesc, célèbre dans les annales du moyen-âge, par la mort tragique d'Antoinette de Lambesc, dame de

Suze, et dans les temps modernes, par la tenue des états généraux de Provence; St-Cannat où, d'après l'ancienne légende, Cannatus vit fleurir le roseau qu'il tenait dans ses mains; Bouc, Éguilles, Martigues, surnommée la *Venise de Provence*; Lançon, Grans, Cornillon, Pélissanne, St-Pierre-de-Canons (*de Canonicis*), Vernègue et les restes de son temple antique; Alleins, Sénas, Orgon, l'ancien *Podium Sanguilonens* dont le lugubre sens s'est perpétué dans le nom de Mallemort; Vaugines, Ansouis, le gothique château de la Barben, celui de Meyrargues, riche en souvenirs historiques; l'ancien Cabellio, aujourd'hui Cavaillon, connu dans le Midi par ses jardinages; Avignon, la ville papale; Cabrières et Mérindol, noms inséparables et dont les malheurs communs rappellent avec horreur des souvenirs d'intolérance, d'incendie, de pillage, et de meurtre; Lourmarin, Villelaure, Lauris, Cadenet qui s'illustra dans les fastes des troubadours; Cucuron, Pertuis, d'origine grecque, la bastide des Jourdans, la Tour-d'Aigues, qu'embellissait son magnifique château; Charleval, Peyrolles, le Puy-Ste-Réparade, la Roque-d'Antéron, et au pied de la montagne, à droite, l'ancienne abbaye de Silvacane.

En parcourant sa course, le soleil donne une véritable animation à ce tableau. Plusieurs parties saillantes que ses rayons n'avaient pas encore atteintes, jaillissent tout à coup. D'autres, au contraire, disparaissent soudainement aux regards. Ces changements subits se succèdent avec rapidité et semblent communiquer un mouvement réel au paysage.

La nuit amène un tout autre spectacle. Quelque grand que soit le tableau qui vient d'être esquissé, celui qui succède est plus sublime encore. Tout étonne, tout éblouit ; l'immensité du firmament, le nombre infini des globes lumineux dont il est rempli et leur vive scintillation, au milieu de cet espace sans limites.

Dans une belle nuit d'été, et lorsque la lune a acquis son entière splendeur, on peut jouir aussi d'un spectacle non moins ravissant. On voit d'abord la planète, d'une grosseur démesurée, surgir à l'horizon, puis s'élevant avec majesté, effacer peu à peu la lueur des globes célestes et éclairer de sa douce clarté la nature entière. Planant alors sur nos têtes, elle semble se complaire dans les effets qu'elle produit. Durant sa marche silencieuse, elle renouvelle sur les objets les plus rapprochés, ces apparitions subites, tandis que les montagnes lointaines se confondent avec les vapeurs de la nuit. Les autres prennent des formes fantastiques ou incertaines. Le chant monotone de mille-insectes divers et des oiseaux de nuit, ajoute encore à la mélancolie pleine de charmes que le cœur goûtait déjà.

La contemplation de ces merveilles se revélant avec une si puissante éloquence et avec tant de variété, produit des émotions indicibles. On oublie la terre ; l'âme s'élève, la pensée grandit, le cœur est profondément ému. Le poète, le peintre y puisent de sublimes inspirations. Nul ne peut rester froid devant de tels spectacles.

Si les yeux se portent ensuite sur le sol que l'on foule, ils aperçoivent un plateau de forme elliptique et d'une surface de 161 ares 85 centiares. Cultivé depuis nombre d'années, ensuite abandonné, le terrain un peu noirâtre est planté de quelques vieux amandiers rabougris. On voit sur cette surface, de nombreux tas de pierres amoncelés depuis que ce lieu fut livré à l'agriculture. De ces monceaux de pierres de toutes grosseurs, s'élancent à l'envi des chênes et d'autres plantes formant des bouquets d'arbres assez rapprochés les uns des autres. Tout est à voir, tout est à examiner dans ce lieu où peu d'explorations ont eu lieu. Parmi les pierres de l'un de ces tas, a été trouvé un bras en marbre. La surface du plateau est entièrement couverte de débris de pierres de constructions, de tuiles antiques, d'amphores et de poteries dites *romaines*, dont la forme, la couleur et le degré de finesse varient à l'infini. Des monnaies d'argent du plus beau coin, appartenant à la république marseillaise, y avaient été trouvées (1). M. Audouard, membre de la société de statistique de Marseille (2), dit aussi qu'outre les débris de poteries qu'on y voit, une urne remplie de pièces marseillaises, d'un petit module, y fut découverte en 1821, qu'il a vu des fragments de granit, et le fer d'une lance dont la pointe était oxidée.

Vers le milieu du plateau est un espace creusé dans la direction de l'orient à l'occident, en partie dans le rocher, et le reste paraissant construit en pierres de formes inégales, dont plusieurs sont d'une grosseur considérable. Placées sans mortier les unes sur les autres, non, à ce qu'il nous a paru, par lignes superposées, mais plutôt enchassées entr'elles, sans art, elles ont la physionomie des murs cyclopéens. L'espace creusé, a la forme d'un carré long. Il paraît avoir été régulier dans l'origine. Sa lon-

---

(1) L'abbé Castellan, *Notice historique sur l'abbaye de Silvacane et Ste-Anne de Goiron*. Mss.
(2) *Description de Ste-Anne de Goiron (montagne et ermitage au nord de Lambesc), département des Bouches-du-Rhône*, insérée dans le *Répertoire des travaux de la Société de statistique de Marseille.*

gueur est d'environ neuf mètres et sa largeur de quatre. La profondeur moyenne est actuellement de trois mètres environ. Mais on juge facilement qu'elle était plus considérable, puisqu'elle est presque comblée aujourd'hui par des pierres d'un grand volume et même par des quartiers de rochers. Ces matériaux appartenaient sans doute aux murs dont l'espace était entouré.

Le plateau repose sur un massif escarpé de roche coquillière l'environnant de toutes parts. L'escarpement de l'est (nous donnons ici l'orientation générale et non rigoureuse) a été considérablement adouci par la chûte d'immenses quartiers de rochers que les racines des arbres, en grossissant, avaient d'abord détachés, puis soulevés, et que le temps renversa ensuite. L'escarpement nord, d'une longueur bien plus considérable, est comblé en majeure partie, par l'énorme quantité de pierres qui y a été précipitée, lorsque le plateau fut mis en culture. L'escarpement ouest a été entièrement dénaturé par l'extraction de matériaux propres à des constructions dont nous parlerons plus tard. Au midi, l'escarpement est à peu près dans son état primitif. Sur toute l'inclinaison de la montagne et ses ramifications, à partir du pied des escarpements, des forêts de pins, de chênes et d'autres arbres vont atteindre le bas de Gouiron, et s'étendre de tous les côtés. On a cependant consacré à l'agriculture plusieurs portions de ces collines, mais avec discernement, puisque ce n'est que sur les sommets, et conséquemment dans des lieux où les terres ne peuvent être emportées par les pluies.

En descendant du plateau par le midi, on passe devant le domaine de la Baume. Là des découvertes d'archéologie chrétienne attendent le voyageur.

Baume vient du mot de la basse latinité *Balma*, qui signifie *caverne taillée dans le rocher* (1), *souterrain*. L'habitation actuelle n'a pas plus d'un siècle et n'offre rien de curieux. Elle est presque attenante à la barre de rochers dont il a été parlé. Cette barre, de la longueur d'environ cent mètres, renferme, dans presque toute son étendue, des excavations de différentes longueurs et profondeurs, contiguës ou très rapprochées les unes des autres. Des quartiers de roches ou de fortes murailles traversent la plupart des souterrains et leur servent de soutien. On remarque aussi des murs sur lesquels appuie une partie de la naissance des voûtes, quand les roches étaient insuffisantes. La plupart des murs intérieurs sont de construction moderne. Ils ont été évidemment élevés pour donner à une partie de ces souterrains des destinations différentes de celles qu'elle pouvait avoir. Le restant, construit en moyen appareil, paraît appartenir aux XIIe et XIIIe siècles. Une portion de voûte, joignant un rocher intérieur, est même faite avec un soin, un talent et une solidité remarquables. L'entrée du plus grand de ces souterrains est entourée de lignes grossièrement sculptées et évidemment postérieures. Un d'entr'eux a 14 mètres de longueur, sur 5 m. 60 c. de largeur. Un autre en a 8 sur 7. A plusieurs mètres des souterrains, mais toujours à la barre du midi, on peut voir des indices de signes chrétiens,

---

(1) Carolus Dufresne, Dominus Ducange, *Glossarium ad scriptores mediæ et infimæ latinitatis.* Verbo *Balma.*

tels que des croix taillées dans le rocher par des mains inhabiles au maniement du ciseau.

En s'avançant à l'est, on aperçoit des traces de murailles d'un mètre d'épaisseur. Elles sont à fleur de terre et dans la direction de l'est à l'ouest. On voit en outre à 55 mètres du dernier souterrain, des réservoirs d'eau et des aqueducs construits vraisemblablement dans le XIIe ou XIIIe siècle. On ne peut s'empêcher d'admirer combien les habitants étaient ingénieux à obtenir des approvisionnements d'eaux pluviales dans un désert dépourvu de sources. De toutes parts apparaissent des rigoles creusées sur les rochers environnants. Elles ont des inclinaisons différentes, et elles aboutissaient à des réservoirs plus ou moins spacieux. Le seul qui subsiste encore a 3 mètres de profondeur. Une des faces extérieures en a 3 de longueur, et l'autre 2 mètres 5 cent. Il servait de déversoir au surplus de l'eau que recevait un second réservoir.

En suivant la même direction, on voit à droite, des tombes chrétiennes creusées sur les rocs. Elles annoncent le voisinage de la petite église Sainte-Anne, située à environ trente mètres de là. D'autres tombes se font bientôt remarquer à gauche. Elles sont fort près de l'église et au nord de celle-ci. Il y en a de toutes les dimensions, depuis 2 pieds jusqu'à la grandeur ordinaire. Une des grandes, très rapprochée de l'église, est entourée d'un rebord qui indique l'ancienne superposition d'un couvercle en pierre.

L'aspect du vieil oratoire frappe d'abord par sa pittoresque position. L'église est bâtie sur le versant de la colline, au pied de l'escarpement *est* du plateau, parmi des pins et des rochers.

Sainte-Anne est dans la direction du sud-est au nord-ouest. Quelques contreforts entourent l'édifice, pour soutenir la poussée de la voûte intérieure. Toujours en dehors, paraissent, séparés les uns des autres et en saillie, de petits ornements qui diffèrent entr'eux. Ils représentent des dentelures, des feuilles de plantes, des lignes plates et d'autres arrondies, seules ou superposées, etc.

La toiture est composée de dalles carrées. Elle a deux pentes dont l'une, est au nord-ouest, et l'autre au sud-est. Sur la ligne angulaire formée à la sommité par la jonction des deux pentes, s'élève un petit clocher triangulaire. Il est placé au dessus du sanctuaire. Plusieurs croix paraissent extérieurement; ce sont des croix grecques inscrites dans un cercle tantôt plein et tantôt vide. Ainsi timbré, le disque rappelle le nimbe crucifère. Cette forme de croix était connue aux premiers siècles chrétiens, puisqu'elle figure dans plusieurs monuments des catacombes.

Pour l'entière intelligence de ce qui vient d'être dit touchant cette forme de croix, il faut savoir qu'à l'introduction du christianisme, on adopta deux croix principales qui servirent ensuite de types à un grand nombre de variétés. Ces deux croix sont la *latine* et la *grecque*. La première, appelée aussi *croix romaine*, est la figure de Jésus-Christ crucifié; de sorte que le pied est plus long que le sommet et que les croisillons. La hampe est plus longue que la traverse, et le pied de cette hampe est plus long que la partie supérieure. La croix latine était plus affectionnée par les chrétiens latins et occidentaux. La croix grecque, préférée par les chrétiens grecs et orientaux, a sa traverse égale aux montants, et les croisillons sont égaux à la hampe. Ces deux types furent longtemps communs à l'église latine et à l'église grecque (1).

L'entrée de Ste-Anne se trouve au sud-ouest. Elle est précédée d'un petit espace formé par la portion du mur de l'église où se trouve la baie de la porte, et par deux portions de contreforts. A quelques mètres de hauteur de ces trois murs, paraissent des ornements en saillie, et au dessus est un support d'environ vingt centimètres d'épaisseur, longeant l'intérieur de l'espace. Ils prouvent l'existence d'une toiture primordiale en ce lieu. Nous avons trouvé, parmi des tas de pierres voisins, un fût de colonnette qui devait servir de soutien à la partie de la toiture placée sur le devant, laquelle n'avait pas de mur. C'était donc la première entrée de l'église, c'est-à-dire, le porche. On sait que dans les commencements du christianisme, le porche était une portion extérieure de l'église; qu'il servait à mettre à l'abri des injures de l'air, les catéchumènes et les pénitents publics; que par tradition, on continua généralement d'en construire devant les églises quoiqu'il n'y eût plus de catéchumènes et que l'usage des pénitences publiques fût très rare. Les porches changèrent alors de destination. Ils servirent à contenir ceux des fidèles qui n'avaient pu trouver place dans l'église, lorsque

---

(1) Voyez les instructions du comité historique des arts et monuments, partie de l'*Iconographie chrétienne*, par M. Didron, de la bibliothèque royale, secrétaire du comité, p. 389 et 379.

une fête religieuse ou toute autre cause y attirait une affluence inaccoutumée.

L'église est bâtie en pierres dépassant la grosseur du moyen appareil. Elles sont extraites des rochers sur lesquels est assis le plateau, à l'extrémité sud-ouest de l'escarpement, ce qui donne une distance d'environ 150 mètres du point où l'église est située. C'est une roche coquillière de couleur blanchâtre.

Trois arcades formées en arcs brisés et soutenues par des pilastres, figurent à chaque côté de la nef. L'église est fermée par un abside ou sanctuaire qu'entoure une banquette. Quelques-unes des fenêtres de l'édifice, sont actuellement bouchées. A la façade extérieure est un œil-de-bœuf auquel on a récemment placé des vitraux peints.

En dessus des arcades latérales, sont des corniches deux fois interrompues. Elles ne consistent qu'à une saillie plate, dans la longueur de laquelle est un ornement fort simple et différent de ceux auxquels il correspond.

Autant qu'on peut le supposer sous les nombreuses couches de badigeon dont les murs ont été enduits, se trouvent des lettres romaines. Elles servaient au placement régulier des pierres du monument. Sur le pilier central, à gauche, on lit une inscription latine du moyen-âge qui nous apprend que l'église fût dédiée à la Mère de Dieu.

Il est à regretter que l'année ne soit pas relatée dans l'inscription, car elle fixerait le temps précis de l'édification de ce temple et celui de sa consécration. Les lettres de l'inscription ont la forme de celles des XIe et XIIe siècles.

Plusieurs croix grecques sont exécutées en relief sur quelques pierres. Semblables à celles que l'on remarque à l'extérieur, elles sont inscrites dans des nimbes ; mais aucune d'elles n'a son cercle vide.

La longueur de la nef est de 11 mètres 75 centimètres, la largeur de 5 mètres et la hauteur de 8 mètres 4 centim.

Deux chapelles latérales donnent aujourd'hui à l'édifice la figure de la croix latine. Leur construction est postérieure à celle de la nef.

Dans la chapelle à gauche, les nervures des ogives sont simples et reposent sur des têtes humaines d'une sculpture défectueuse.

Il y a dans cette chapelle un ancien confessionnal qui n'a rien de remarquable. Nous constatons ce fait ici, pour en tirer plus tard les conséquences qui nous paraîtront nécessaires.

Dans la chapelle à gauche, les nervures des ogives descendent assez bas dans les angles, et disparaissent ensuite comme si elles entraient dans le mur.

L'ermitage contigu à la chapelle n'offre pas d'intérêt archéologique. Son existence ne remonte qu'à moins de trois siècles. Trois pièces le composent. Une est au rez-de-chaussée et deux se trouvent à l'étage supérieur.

Deux objets d'art ornent cette église. Ils méritent d'être signalés.

Le premier est une statue du moyen-âge, représentant Marie assise sur un piédestal. Une partie des cheveux paraît sur sa tête. Le reste est couvert d'un manteau dont les plis descendent derrière. L'enfant Jésus, coiffé d'une calotte, est assis sur les genoux de sa mère et tient un rouleau sur lequel sont gravés ces mots, en caractères du XIIIe siècle : *Ego sum lux mundi* (je suis la lumière du monde).

Cette statue est en pierre blanche et a 62 centimètres de hauteur.

Le second objet est un crucifix en bois de noyer peint. Sa tête qui est barbue, penche à droite en s'inclinant légèrement sur la poitrine. Une portion des cheveux tombe en boucles sur la partie gauche de la poitrine. Au côté droit paraît une large blessure. Ses bras sont placés horizontalement sur la croix. Les jambes fléchissent légèrement. Il a 1 mètre 9 centimètres de hauteur.

Ces deux sculptures étaient endommagées. M. Olive, professeur de sculpture à Aix, les a réparées avec talent.

Un vrai mérite distingue les sculptures dont nous parlons. On n'y reconnaît que les défauts du temps, alors que l'art sortait pour ainsi dire de l'enfance. Les caractères de cette époque sont : expression vraie, mais sans noblesse, souvent même basse, anatomie exacte, mais sans analogie de proportion, par exemple tête et tronc exagérés relativement au reste. Jambes et bras courts et amaigris relativement à la tête et au tronc. Draperies peu naturelles, tourmentées et prétentieuses dans leurs plis.

La nef qui, primordialement formait seule l'église Sainte-Anne, appartient au style roman tertiaire ou de transition, quoique d'après le classement fait par M. de Caumont, elle n'en remplisse peut-être pas toutes les conditions (1). Nous partageons l'opinion de M. J. Oudin (2) qui dit que souvent l'architecture provenant d'un même type, présente des traits particuliers qui n'en sont que des variations. Nous

---

(1) *Cours d'antiquités monumentales.*
(2) *Manuel d'archéologie religieuse, civile et militaire.*

croyons qu'on peut aller plus loin. Il faut remarquer que l'admission d'un type nouveau, ou même les simples modifications survenues dans un type déjà adopté, n'avaient pas lieu partout en même temps. Il arrivait que la marche des améliorations s'arrêtait tout à coup dans certaines localités et que les nouveaux types n'y étaient reçus que plus tard. Cela dépendait de diverses causes dont l'explication serait ici déplacée.

En appliquant ces principes à l'architecture primordiale de l'église Sainte-Anne de Gouiron, on peut avancer que quoique le style semble appartenir aux XIe et XIIe siècles, il serait possible que sa construction fût postérieure, ainsi qu'il sera dit dans la partie historique.

Quant aux chapelles latérales, elles appartiennent au premier style ogival qui suivit le roman tertiaire.

SECONDE PARTIE.

HISTOIRE DE SAINTE-ANNE DE GOUIRON ET DE LA PORTION DE LA MONTAGNE SUR LAQUELLE CETTE ÉGLISE EST SITUÉE.

L'histoire des lieux qui viennent d'être décrits est hérissée de difficultés. Nous entreprenons cependant d'en donner un essai, et de rétablir ce qui s'est passé dans les temps reculés auxquels elle remonte, par les débris qui en existent encore.

La partie de la montagne dont nous nous occupons, a été habitée de temps immémorial. Cette vérité est suffisamment établie par l'énorme quantité de matériaux et d'objets de toute espèce qu'on foule sur une vaste étendue. L'habitation ancienne est donc certaine. Mais à quel temps remonte-t-elle ? Quels étaient les hommes qui la composèrent d'abord ? Sans décider ces deux points, d'une manière décisive, nous allons nous livrer à quelques investigations.

L'habitation romaine semble naturellement s'induire de l'énorme quantité de poteries, briqueteries, etc., qui couvrent le sol. On peut même motiver le choix d'un pareil emplacement, par les raisons suivantes :

Un bourg lygurien existait au quartier de *San-Peyre*, tout près de la place qu'occupe aujourd'hui Lambesc. On croit même qu'il y existait un marché.

Une autre peuplade salyenne habitait aussi à peu de distance. Ce fait est révélé par la découverte des restes d'un temple bâti en l'honneur d'une divinité topique.

Il est à croire qu'il existait d'autres bourgs salyens au pied du versant septentrional de la montagne.

Il serait possible que les Romains eussent placé une station militaire sur ce plateau dont la position singulière et les fortifications naturelles faisaient un point inexpugnable. D'ailleurs, ce lieu était véritablement central, et la station romaine pouvait facilement contenir dans l'obéissance, les peuplades environnantes. Voilà ce qu'on peut dire en faveur de cette opinion, corroborée en outre par l'abondance des briques et des vases fabriqués dans la manière romaine.

Mais de ce que ces nombreux débris prouvent que ce lieu était habité au temps où les Romains occupaient notre pays, on ne doit pas rigoureusement conclure que Gouiron n'eût pas été habité auparavant, et même que ces débris soient véritablement l'ouvrage des vainqueurs. L'histoire nous apprend que la domination romaine dans la Gaule, fût, pour nos contrées, une époque de civilisation. En imposant leurs dieux aux naturels du pays, les Romains servirent la cause de l'humanité, puisque le barbare usage d'immoler des victimes humaines, s'abolit peu à peu. En donnant leurs lois aux peuples subjugués, ils les dotèrent d'institutions si sages, qu'elles survécurent à la conquête. L'introduction de leurs arts, fut encore un signalé service, car les régnicoles les adoptèrent entièrement et bannirent les modes barbares qu'ils employaient dans l'art de bâtir et dans la fabrication des objets usuels. Il y a plus encore relativement à nos contrées devenues Province romaine. On vit les habitants remplir des emplois à Rome, concurremment avec les Romains eux-mêmes. C'était déjà un grand moyen de fusion. Mais les alliances contractées journellement entre les deux nations, achevèrent de rendre les Salyens, de véritables Romains. Ils le devinrent par goût, par reconnaissance et par les liens du sang. On voit dès lors que l'existence de débris antiques, appelés communément *romains*, ne prouve pas ici que les Romains d'Italie aient habité Gouiron ni fabriqué eux-mêmes les poteries qui y abondent. A ces considérations, nous ajouterons des indices puissants pour indiquer une habitation antérieure. La nature d'une partie des débris qui gissent sur le sol, nous paraît exclure l'établissement en ce lieu, d'une station militaire. Ces débris sont des scories de fer, des fragments de vases d'une certaine finesse, des morceaux de porphire polis, des meules à bras et des restes de sculpture qu'on ne pourrait attribuer qu'à des hommes d'une résidence permanente. A ces indices il faut ajouter que les Lygures, ainsi que les autres nations celtiques, se livraient avec ardeur à la guerre et à la chasse (1), mais très peu à l'agriculture. Il en était encore de même au temps de Strabon. Ils se nourrissaient de glands, de fruits sauvages et de gibier. Dès lors, on concevra facilement que ce lieu était très favorable à l'établissement d'une peuplade à laquelle il fallait si peu pour subsister.

---

(1) Voyez aux notes, lettre A.

Les rochers escarpés entourant le plateau de Gouiron, les grottes naturellement creusées au pied des escarpements, accidents très recherchés par les nations celtiques, et les monnaies marseillaises trouvées sur les lieux, prouvent, à notre avis, qu'une habitation existait déjà à l'arrivée des Romains. Mais les murs cyclopéens qu'on y remarque enlèvent tous les doutes. Nous revenons sur les médailles marseillaises, les seules qu'on ait trouvées jusqu'à ce jour, parce qu'on peut en tirer l'induction que les habitants de ce lieu sauvage avaient des relations avec les Massiliens, soit à Massilia, soit au marché d'Oppidum amboliaceuse où l'on voit les ruines de San-Peyre (1), marché auquel se rendaient les Massiliens, peuple naturellement commerçant. Ils leur vendaient des bois de construction, du goudron et de la résine, à l'usage de leur marine. L'inspection des lieux suffit pour démontrer que c'était le seul commerce que pouvait faire la peuplade salyenne que nous croyons avoir habité le sommet du Gouiron, et ce n'était qu'avec les massiliens qu'elle pouvait le faire. Cette réflexion explique la cause des découvertes de monnaies de Massilia, sur le sommet de Gouiron.

L'absence d'armes gauloises en cet endroit ne nous touche nullement. Les armes gauloises en bronze et en fer, antérieures à l'influence grecque ou romaine, ne sont pas généralement connues. Elles sont même très difficiles à distinguer. Si des objets en pierre ou en silex ont été trouvés, les paysans sous les yeux desquels ils tombaient, les considérant comme de simples cailloux, les délaissèrent, ainsi qu'il arrive toujours. Quant aux autres débris d'antiquité, il faut

---

(1) Voyez aux notes, lettre B.

remarquer que la peuplade de Gouiron participa, comme le reste de la nation des Salyes dont elle faisait partie, aux bienfaits de la civilisation romaine, et que c'était dans le goût adopté par les dominateurs, qu'elle fabriquait ses vases et ses poteries.

Il a été dit que les Romains imposèrent leur religion aux Gaulois subjugués, mais guidés par une bonne politique, ils leur permirent de conserver les divinités particulières à chaque peuplade. Ce ne fut que bien plus tard et sous le règne de Tibère, qu'on proscrivit le culte druidique, encore même, les peuplades continuèrent-t-elles d'adorer leurs divinités topiques. De sorte qu'en adoptant la religion des vainqueurs, puis celle des Grecs, chaque peuplade salyenne avait conservé le culte des divinités locales. Quelquefois même elle adjoignait au nom du dieu topique, celui d'une divinité grecque ou romaine dont les attributs étaient les mêmes. L'abbé Castellan (1) en cite de nombreux exemples (2).

A un quart de lieue de Lambesc, dans le quartier du *Collet de Viret* et sur la route d'Avignon, on avait découvert les ruines d'un temple consacré à une de ces divinités topiques, appelée IBOITE, ainsi que le témoignent trois inscriptions trouvées dans ce temple (3). Le culte d'Iboïte était vraisemblablement commun à la contrée et plus particulier peut-être à Gouiron, car d'après les auteurs de la *Statistique des Bouches-du-Rhône* (4), le nom Iboïte dériverait du mot *ib* ou *ub* qui, dans la plupart des langues, s'applique commu-

---

(1) *Dissertation sur la religion des anciens provençaux.* Insérée dans le *Recueil des Mémoires de l'Académie d'Aix*, 1819.
(2) Voyez aux notes, lettre C.
(3) *Statistique des Bouches-du-Rhône*, tom. II, pag. 938.
(4) Tom. II, pag. 939.

nément aux objets de mauvais augure et particulièrement aux oiseaux nocturnes, puisqu'en chaldéen *ibbou*, en latin, *bubo* et en français *hibou*, ont la même signification. S'il en est ainsi, on ne saurait discouvenir que la montagne de Gouiron, couverte de forêts de chênes et de pins, si favorables aux mystères druidiques, était singulièrement propre à l'adoption d'un culte pareil.

La peuplade de Gouiron existait encore lors de l'introduction du christianisme en Provence. Cette religion n'y pénétra qu'après le IVe siècle, quoiqu'en disent quelques historiens provençaux et malgré les prétendues preuves qu'ils produisent. La peuplade existait même plusieurs siècles après cette époque, puisqu'il y a encore dans les rochers avoisinant l'église actuelle, un nombre considérable de tombes chrétiennes de toutes les dimensions ; ce qui, d'un autre côté, établit d'une manière certaine qu'un oratoire chrétien y avait été élevé par les habitants, peut-être sur l'emplacement même du temple païen. C'était du moins l'usage constamment suivi dans la primitive église. Cet oratoire a disparu. L'église actuelle fut bâtie sur le même emplacement ou très près. On peut fermement l'avancer par le creusement des tombes qui l'environnent presque de toute part. On était dans l'usage constant d'ensevelir les morts dans un terrain attenant à l'église. Ce lieu de repos portait le nom de *Paradisus*.

Plusieurs invasions ont eu lieu en Provence, à différentes époques. Les Goths, les Lombards et surtout les Sarrasins occupèrent tour à tour ce pays. Plus tard même, des guerres intestines y amenèrent une infinité de désastres ; le meurtre, le pillage, l'incendie, la dévastation et la mort. A laquelle de ces invasions ou de ces guerres civiles doit-on attribuer la destruction du bourg de Gouiron ? Il serait impossible de le déterminer d'une manière précise, en l'état du dénuement absolu de documents propres à l'établir. Une seule chose ne peut être contestée; c'est que le bourg a été détruit. Il est même à présumer, par l'inspection de la couleur du terrain, qu'il était devenu la proie des flammes. La couleur du sol (un gris assez foncé), contraste sensiblement avec celle des terres environnantes dont la teinte est blanche. D'une autre part, on a remarqué que les Sarrasins, après avoir égorgé tout ce qui tombait sous leurs mains, étaient dans le barbare usage d'incendier les habitations. Cette considération pourrait porter à croire que ce fût alors que la peuplade et les habitations disparurent et que ceux d'entre les habitants qui avaient échappé aux flammes et au fer, se réfugièrent dans les environs et contribuèrent à la fondation de Lambesc, *Castrum* du moyen-âge (1).

Quoiqu'il en soit, pendant plusieurs siècles, la plus complète solitude remplaça les habitations qui avaient pendant longtemps animé cette belle montagne.

Au commencement du douzième siècle, un solitaire nommé André (Andreas), habitait la *terro das Harmitans*, lieu marécageux et malsain, situé dans le territoire de la Roque-d'Antéron (*Roca de Anterone*), au pied de Gouiron et sur les bords de la Durance. Il y fit édifier une petite église en l'honneur de Ste-Marie. Le lieu dans lequel elle était située avait reçu le nom de *Silva Cana* (forêt de roseaux). Il était le repaire de brigands qui égorgeaient les voyageurs, après les avoir dépouillés. André et quelques

---

(1) Voyez aux notes, lettre D.

compagnons s'étaient principalement établis à Silvacane, pour recevoir les passants, les éberger et les escorter ensuite. Ces circonstances qui sont remarquables et la qualité de clerc seulement qu'avait André, autorisent à croire que celui-ci était membre de l'association des frères PONTIFES ou PONTISTES (*pontes facere*), ainsi nommés parce qu'ils faisaient des ponts et creusaient des canaux. Les simples frères étaient laïques, ils recevaient les voyageurs, les escortaient à main armée quand il y avait du danger et tant qu'il durait.

De pareils actes d'humanité rendirent le nom d'André recommandable dans la contrée. Ce solitaire reçut d'une famille de Lambesc, appelée Theudeberta, la montagne de Gouiron, au pied de laquelle il avait bâti son église. L'acte de donation est de l'année 1146. Il est fait au nom de Theudebertus, de sa femme, de son frère, ainsi que de son neveu, et ce, est-il dit dans l'acte, *pour le remède de nos âmes et celles de nos pères.* Voici cette charte telle que la rapporte Pitton : *Ego in dei nomine Theudebertus et frater meus Eldebertus et uxor mea Arumberta et filij mei Guillelmus et Amalricus nec non Eldebertus et nepos meus Rodulphus donamus ecclesie S. Marie et S. Michaëlis Archangeli de alode nostro ecclesias que site sunt in monte qui vocatur Guirono et donamus ipsum montem et ipsas terras remedium animarum nostrarum et parentum nostrorum donamus S. Marie et clericis ibidem Deo servientibus rogante Andrea clerico qui edificavit hunc honorem an MCXLVI.*

(Au nom de Dieu, moi Theudebertus et mon frère Eldebertus et ma femme Arumberta et mes fils Guillelmus et Amalricus et aussi Eldebertus et mon neveu Rodulphus, donnons de notre aleu, à l'église Ste-Marie et St-Michel, archange, les églises situées sur le mont qui est appelé Guirono, et nous donnons ce mont lui-même et ces terres elles-mêmes, pour le remède de nos âmes et des âmes de nos pères. Nous les donnons à Ste-Marie et aux clercs qui y servent Dieu, à la prière d'André, qui a fondé cet honneur, l'an 1146 (1)).

André bâtit une chapelle sur le mamelon le plus élevé du mont, ou plutôt il restaura le temple de la peuplade païenne. Selon Pitton (2), ce fut à Ste-Anne qu'il dédia la chapelle. En avançant un tel fait, Pitton a commis une grave erreur. L'église avait certainement un autre vocable, car le culte de Ste-Anne n'était pas établi alors dans les Gaules. Il ne passa d'Orient en Occident que dans le XIVe siècle. Des preuves authentiques existent relativement aux Gaules. Quant à la Provence, on possède un témoignage irrécusable qui fixe l'établissement de ce culte, bien après l'édification de l'église. On le trouve dans la copie du martyrologe d'Adon, conservée à la bibliothèque publique d'Aix. Il n'y est nullement fait mention de Ste-Anne, quoique cette copie soit écrite en 1318. Ce ne fut que postérieurement qu'on ajouta en marge avec les événements arrivés après le XIVe siècle, la mention de la fête de cette sainte dont la célébration avait été fixée au 26 juillet.

L'inscription gravée à l'un des piliers de l'église actuelle, indique, au contraire, que l'église avait été consacrée à Ste-

---

(1) Voyez au notes, lettre E.
(2) *Annales de la saincte Église d'Aix*. pag. 124.

Marie. On y conserve même une petite statue de la Vierge, faite précisément au temps de l'édification.

Ce lieu était habité par un prêtre, des clercs et une petite partie des compagnons d'André. Pour se mettre à l'abri des injures de l'air, ces solitaires utilisèrent les grottes, et y exécutèrent des travaux considérables. Ils habitaient des cellules séparées, à l'imitation des ascètes d'Orient. Comme eux ils s'étaient établis dans les flancs caverneux des rochers. Ils pratiquèrent le creusement des canaux et des réservoirs, un des buts de l'institution. Aussi les cénobites excellaient-ils en ce genre de travail.

En bâtissant son église dans un lieu désert, André avait des vues ultérieures. Il fit entreprendre par ses compagnons, à Gouiron, ce qu'ils avaient déjà exécuté à Silvacane. Ils se livrèrent à l'austère observance des règles de leur institution, c'est-à-dire à la prière, à la pénitence et au travail corporel. Les dignes compagnons d'André mirent en culture les terrains vagues et stériles de la montagne. Ils les retinrent par des murs de soutènement, lorsqu'ils formaient la pente. Ensuite ils creusèrent presque toujours dans le roc vif, des rigoles et des canaux destinés à recevoir et à diriger les eaux pluviales, ainsi que des réservoirs pour les contenir. Ces divers travaux dont il existe encore des traces, étaient habilement exécutés. Quand tout fut terminé, les compagnons d'André partagèrent les terres préparées de la sorte, entre de pauvres paysans, pour la nourriture de leur famille. Ces colons avaient en outre le libre usage de l'eau, due à la prévoyance et aux fatigues des cénobites, dont ils ne cessaient de recevoir des préceptes pratiques d'amour de Dieu, de leurs semblables et du travail. Bénie soit, la mémoire de ces hommes tellement humbles qu'ils vivaient inconnus à leurs contemporains.

Le creusement des tombes placées autour de l'église, date de ce temps, et c'est aux solitaires qu'il faut encore les attribuer. Ces tombes, dont un certain nombre n'a pas plus de deux pieds de longueur, attesteraient, si le fait n'était déjà avéré, que les cénobites n'étaient pas les seuls habitants de ces lieux.

On voit par ce qui vient d'être dit, que Ste-Marie de Gouiron doit être considérée comme une *celle* (cella) (**1**), c'est-à-dire, comme une dépendance de Silvacane. La fondation de succursales monastiques, n'avait lieu que lorsque l'établissement principal ne pouvait plus contenir tous les membres qui le composaient. On suivait dans les celles, la règle de l'abbaye. On y était soumis à un supérieur qui lui-même dépendait de l'abbé ou prieur du monastère dont elles relevaient. Voilà pourquoi, parmi les tombes de Gouiron, il en est qui sont entourées de rebords. Elles étaient destinées à recevoir un couvercle et peuvent être considérées comme ayant contenu les restes des supérieurs de la celle.

C'est durant le séjour des cénobites dans les souterrains, que furent gravés les signes religieux qu'on y remarque encore.

Plus tard, l'abbaye de Silvacane ayant reçu des dons considérables, André et ses compagnons, à cause de leur vœu de pauvreté, cédèrent Silvacane et l'église Ste-Marie de Gouiron, à des religieux de l'ordre Citeaux et de la filiation de Morimond, dont la règle se rapprochait le plus de la leur.

---

(1) Voyez Ducange, *Gloss. ad Scrip.*, etc., v° *Cella*.

De sorte que les cénobites de Gouiron passèrent sous la dépendance de l'ordre de Citeaux (1).

Selon Papon (2), l'abbaye de Silvacane, telle qu'elle est aujourd'hui, avait été bâtie en 1147, par Raymond des Baux (*de Bocio*). Suivant Pitton (3), ce ne fut qu'après l'année 1220. On rebâtit alors l'église Ste-Marie de Gouiron. Le style architectonique et le goût de l'ornementation l'attestent suffisamment.

Le nombre des familles habitant la montagne, s'était incontestablement accru, puisque deux chapelles latérales furent ajoutées à l'église. Mais jusqu'à quel temps l'habitation dura-t-elle? Aucun document ne nous l'apprend. On peut induire de l'histoire de Silvacane, que des guerres civiles et diverses pestes ayant détruit la majeure partie des populations de la Provence, Silvacane fut réduite à trois religieux seulement, et que les cénobites de Ste-Marie, victimes de ces fléaux, périrent ou se dispersèrent. Les familles de Gouiron, exposées aux mêmes dangers et de plus à la misère, dont les religieux de Silvacane et les cénobites de la montagne les avaient jusque là garantis, disparurent également. Réunie au chapitre d'Aix, en 1444, Silvacane devint une simple cure. L'église et la montagne de Gouiron suivirent comme annexes, le sort du monastère. Elles firent partie des possessions du chapitre métropolitain d'Aix (4).

Nous croyons avoir établi que le plateau de Gouiron, avait été en premier lieu habité par une peuplade lygu-

---

(1) J.-F. Porte, *Notice historique sur l'abbaye de Silvacane et ses dépendances*. Ms.
(2) *Hist. génér. de Prov.*, tom. I, pag. 204.
(3) *Ann. de la saincte Église d'Aix*, pag. 124.
(4) J.-F. Porte, *Notice histor. sur l'ab. de Silv. et ses dépendances*. Ms.

rienne, dans le temple de laquelle était principalement adorée une divinité commune à la contrée et nommée Iboïte ; que cette peuplade commerçait avec les Marseillais ; qu'elle adopta comme la nation des Salyes, les mœurs, les usages et les arts des Romains ; que le bourg avait été incendié vraisemblablement par les Sarrasins, et le plateau, auparavant couvert d'habitations, changé alors en une vaste solitude ; que plusieurs siècles après, André, fondateur de la première église de Silvacane, établit quelques-uns de ses compagnons sur le sommet de la montagne ; que ceux-ci habitèrent les cavernes du plateau ; qu'André utilisa le temple païen placé par lui, sous l'invocation de Sainte-Marie, pour chanter les louanges de Dieu ; qu'à cet effet, un prêtre et des clercs y furent placés ; que les terres de la montagne, propriété d'André, reçurent de profondes cultures ; que les cénobites entreprirent des travaux considérables ; que des familles de pauvres cultivateurs étaient de nouveau venues, pour peupler ces magnifiques lieux ; que l'église fût reconstruite vers le temps de la réédification de celle de Silvacane et de la construction du monastère ; que le nombre des habitants de Gouiron augmenta, et que la population y demeura jusqu'à la mort ou à la dispersion des moines de Silvacane et des cénobites de Sainte-Marie de Gouiron ; que la solitude et le silence remplacèrent encore les chants pieux des habitants.

Les familles de Gouiron qui avaient reçu tant d'exemples de vertus, disparurent comme disparaissent les feuilles, au souffle de l'ouragan. Ces pauvres paysans et leurs protecteurs sont maintenant remplacés par un ermite, condamné à la solitude et à un éternel silence. Le serviteur de Dieu se dédommage des peines de l'isolement, par la contemplation continuelle des merveilles du Très-Haut, étalées en ce lieu avec magnificence. Son âme éprouve sans cesse de sublimes élans, et ses prières aussi pures que l'air qu'il respire, s'élèvent au ciel, ainsi qu'un agréable encens.

Le temps de l'institution du premier ermite n'est pas connu. L'auteur d'une petite notice (1) le regarde comme très ancien, mais cette manière de s'exprimer est trop vague pour fixer ce temps, même approximativement.

Le vocable de *Sainte-Anne* qu'a reçu l'église Sainte-Marie, ne doit être placé qu'après le milieu du XVI⁰ siècle, par les raisons déjà déduites. En outre, on ne pourrait admettre que le changement ait eu lieu au temps où l'église de Gouiron était succursale de Silvacane. La dépouiller de son ancienne dédicace, pour en substituer une nouvelle, eût été une inconvenance que l'abbé de Silvacane n'aurait certainement pas voulu souffrir. D'autre part, en considérant que le mont avait cessé pendant longtemps d'être habité, on conçoit que l'église et son vocable s'effacèrent peu à peu du souvenir des populations contemporaines et furent entièrement ignorés de celles qui suivirent, avec d'autant plus de raison qu'elles avaient à se garantir des désordres qu'entraînent à leur suite, des guerres intestines sans cesse renaissantes et les ravages de fréquentes pestes qui dépeuplaient la Provence.

L'aspect inattendu d'une église entièrement oubliée, placée dans un lieu isolé et désert, peut être assimilé à la découverte d'un monument inconnu. On voulut utiliser le petit édifice, pour y chanter les loüanges de Dieu et implorer sa

---

(1) *Recueil de Prières propres aux principales Fêtes et aux divers temps de l'année, selon l'esprit de l'Église*, pag. 44.

miséricorde durant les calamités publiques. Le culte de Sainte-Anne, quoiqu'il ne fût plus alors dans sa première nouveauté, excitait pourtant encore toute la ferveur des chrétiens provençaux. Ce n'est qu'alors que l'oratoire paraît avoir subi un changement de dédicace. Nous n'en saurions fixer le temps qu'à celui de l'institution des ermites. La construction de l'ermitage, qui est du XVIe siècle, corrobore cette opinion.

Il est parlé des ermites de Gouiron dans un document du 10 juillet 1760. C'est la réponse du seigneur de Charleval, à une lettre des maire et consuls de Lambesc, sur des plaintes à eux portées par l'ermite de Sainte-Anne, contre le seigneur de Charleval (1). Il y est parlé de six barquaux mentionnés dans le cadastre de 1557, comme dépendances de Sainte-Anne. Les barquaux sont des terrains s'élevant en amphithéâtre et soutenus le plus souvent par des murailles construites en pierres sèches. Cette disposition de terrains est appelée *faïsses* en d'autres lieux de la Provence. Les barquaux dont nous parlons avaient évidemment été accordés à l'église, pour aider à la subsistance d'un ermite à qui, en effet, ils devaient suffire avec le produit des quêtes.

Les habitants de Lambesc se distinguèrent toujours, par leur dévotion envers Sainte-Anne. Aux temps de calamité et surtout de sécheresse, on se rendait processionnellement à l'ermitage où l'intercession de l'aïeule du Sauveur était invoquée, pour obtenir la cessation du fléau. Une pieuse tradition assure que ces prières n'ont jamais manqué d'être exaucées. La même croyance est partagée par les habitants

---

(1) Voyez aux notes, lettre F.

de la Roque-d'Antéron, de Charleval, de Saint-Cannat et de Rognes. Il n'était pas rare, dans ces circonstances, que le nombre des pèlerins s'élevât à cinq mille. Aux temps ordinaires, les offices divins y étaient célébrés deux fois l'an.

En renversant les anciennes institutions, la révolution française, non-seulement détruisit le système politique sur lequel reposait l'existence de la monarchie, mais encore elle présenta au peuple, des dogmes nouveaux et une nouvelle morale. Dans la lutte des idées conservatrices avec celles du jour, de grandes fautes, des excès de toute espèce, de nombreux crimes furent commis par tous les partis. Il n'en pouvait être autrement.

On pense bien qu'au milieu de ces agitations, Sainte-Anne de Gouiron cessa de nouveau d'être visitée. Son culte d'abord délaissé, puis proscrit, fut enfin oublié. Le petit monument où l'aïeule du Sauveur avait été révérée, monument riche en souvenirs pieux, et recommandable par son ancienneté, subit bien des dégradations, par l'effet de l'abandon auquel il se trouvait réduit. Les choses en étaient même venues au point qu'il n'aurait pu subsister longtemps encore, si ce témoignage de la piété de nos aïeux et le désir de conserver une construction intéressante, n'eussent éveillé la sollicitude de quelques notables habitants de Lambesc, en leur inspirant la pensée de restaurer le monument et d'y rétablir le culte abandonné. Il fut donc question de réparer l'oratoire d'où, pendant tant d'années, s'étaient élevés au ciel, les vœux et les prières des populations voisines. La proposition en fut accueillie avec empressement, et le bon vouloir des habitants produisit son fruit. Les offrandes des personnes pieuses, des artistes, des archéologues, des amis de la science et de l'art, enfin des partisants de la conservation, furent nombreuses, mais insuffisantes pour atteindre les frais des réparations indispensables. Une commission fut créée. Elle recueillit les aumônes des fidèles et détermina le mode de réparation à faire à l'église et à l'ermitage. Voici la liste des membres qui la composent :

MM. d'Abel Aymar de Libran, Membre du conseil général du département, *Président*.

Charles-Joseph Heyberger, Receveur de l'enregistrement et des domaines, *Directeur des travaux* et *Trésorier*.

Joseph-Raphaël Rossi, Ingénieur dans l'administration du canal de Marseille, *Surveillant des réparations*.

Hypolite Giraud, *Secrétaire*.

Louis-Eugène Simonin, Employé dans l'administration du canal de Marseille, Auteur et donnateur du tableau représentant Sainte-Anne.

Léon Tronc, Propriétaire à Lambesc.

Eugène-Martin Jaubert.

MEMBRES HONORAIRES:

MM. Félix Cattelin, Chanoine, Curé à Lambesc.

. . . . Baret, Recteur à la Roque-d'Antéron.

Achille Roux, Notaire et Maire à la Roque-d'Antéron.

Les plus grands soins ont été portés à la restauration de l'église et de son ermitage. Pour en donner une idée, nous dirons que M. Heyberger qui, le premier, avait eu la pensée de restaurer le monument, a surveillé les travaux avec un zèle tel, que les suffoquantes chaleurs de l'été, ne l'empêchaient pas de gravir deux fois par jour, la rude côte de la montagne. Il a fallu surmonter des difficultés inouïes pour procurer aux ouvriers l'eau nécessaire que l'on transportait de fort loin, sur la fin des travaux. MM. Rossi et Simonin ont rivalisé de zèle et justifié la confiance qu'inspiraient leurs talents. Enfin, les autres membres ont pris une large part à la surveillance et aux peines qui en étaient inséparables. Tous ont droit à des éloges.

Les travaux étant terminés, la commission chercha à donner la solennité désirable au rétablissement, dans ce lieu, du culte de la mère de Marie. Elle fixa l'inauguration de l'église Sainte-Anne de Gouiron, au 28 juillet 1845, et fit annoncer cette pieuse cérémonie, par la voie des journaux des départements des Bouches-du-Rhône et de Vaucluse. Tant de sollicitude pour la gloire de Dieu, mérite de produire son fruit, et tout porte à espérer que l'empressement du public chrétien, appelé à participer à l'inauguration, égalera le zèle de MM. les commissaires.

TROISIÈME PARTIE.

AVANTAGES A OBTENIR DES LIEUX DONT IL VIENT D'ÊTRE PARLÉ, ET AMÉLIORATIONS QU'ON POURRAIT EN RETIRER SOUS LE RAPPORT DE L'ARCHÉOLOGIE CHRÉTIENNE.

Après avoir décrit les lieux que nous avions à faire connaître, et en avoir tracé l'histoire, une tâche reste encore à remplir, comme complément de notre travail. Elle consiste à signaler le parti avantageux que l'on pourrait retirer du local, dans l'intérêt de plus d'une science, ainsi que les améliorations dont il serait susceptible.

§. I.

CHEMINS ABOUTISSANT A SAINTE-ANNE DE GOUIRON.

La Commission de Ste-Anne peut être sûre, qu'une fois connues, l'église et la montagne de Gouiron seront le but d'un grand nombre d'excursions. Dès lors, il lui importe de faciliter aux personnes pieuses, aux savants, aux artistes, à tous les étrangers, l'accès d'un lieu qui réunit tant de choses curieuses, et de porter sur cet objet une grande sollicitude. A quoi serviraient, en effet, les soins assidus qu'elle a apportés à la restauration du monument sacré et à signaler les merveilles du site où il se trouve, si les difficultés de la route étaient un obstacle à la visite des étrangers? Ces observations sont si naturelles, qu'il deviendrait superflu d'insister davantage.

Trois chemins aboutissent à Ste-Anne de Gouiron, savoir : le chemin charretier de Lambesc, celui de la Roque d'Antéron, praticable aux piétons seulement, et celui de Silvacane, simple sentier dans l'origine, et abandonné depuis longtemps.

Nous ne parlerons ici de la route partant de Lambesc, qu'en ce qui concerne la côte de la montagne, le reste pouvant être toujours en bon état, moyennant un léger entretien.

On pourrait indiquer une amélioration importante, dans l'intérêt de la circulation des voitures et des chariots, touchant cette partie du chemin pratiqué dans la montagne ; mais la proposition en serait tout à fait intempestive, à cause des travaux qu'en exigerait l'exécution. Nous nous réservons d'y revenir plus tard, si les ressources de la Commission le permettent.

Pour le moment, nous formons d'autres vœux. Le chemin actuel ne donne passage dans l'étendue de la côte, qu'à une seule voiture. Si deux se rencontraient, l'embarras serait grand, et peut-être irrémédiable, car le chemin est trop étroit et la pente trop rapide, pour que l'un des chars pût rétrograder. Un moyen simple et très peu coûteux peut parer à ce grave inconvénient. Il consiste à pratiquer vers le milieu de la côte et touchant le chemin, un espace circulaire pris sur le flanc de la montagne et dont la surface serait unie. On couvrirait avec la terre provenant du déblai, les pierres du chemin. Ainsi, en contribuant à l'amélioration de la route, le moyen indiqué servirait encore à diminuer les frais. La voiture ou charrette la plus rapprochée de l'espace circulaire, s'y placerait lorsque le conducteur verrait arriver un autre attelage, et y stationnerait jusqu'à ce que celui-ci eût dépassé l'espace.

Comme on le voit, cette amélioration ne saurait être coûteuse. L'indiquer, suffit sans doute pour en faire connaître l'importance et en provoquer l'exécution.

Mais ce n'est pas de Lambesc seulement qu'on se rendrait à Ste-Anne de Gouiron. Les habitants de Charleval, de la Roque d'Antéron et des maisons rurales placées vis-à-vis le versant septentrional de la montagne, pourraient y arriver par une route plus courte. Il existe même un petit sentier à l'usage des piétons, qui y conduit directement. La commune de la Roque d'Antéron et celle de Charleval, à cause de leur proximité, ont un intérêt positif à mettre en réputation l'église et la montagne. Il est donc juste qu'elles concourent à une partie des dépenses. Outre cet intérêt positif, la Roque d'Antéron ne peut rester indifférente à ce qui touche la belle montagne placée si près d'elle et la vénérable église Ste-Anne, puisque cette commune a été dotée par le gouvernement du Roi, de l'église de Silvacane, dont celle de Ste-Anne, alors Ste-Marie, est la fille. Ces considérations n'échapperont point aux membres des conseils communaux de Charleval et de la Roque d'Antéron. Elles exciteront tout leur zèle pour faire construire un chemin praticable aux chars, au lieu du sentier actuel.

L'église Ste-Anne ayant été construite par les fondateurs de l'abbaye de Silvacane, se trouvant en outre à une très courte distance du monastère (moins d'un quart de lieue), enfin étant sous sa dépendance immédiate, avait nécessairement avec Silvacane des communications journalières et incessantes. La transmission des ordres et des instructions, le besoin de transporter des objets quelquefois volumineux, exigeaient, dans ce court trajet, un chemin ou du moins un large sentier qui facilitât les communications entre le chef-lieu et la succursale. On peut même être certain que des traces de ce chemin subsistent encore au flanc de la montagne de Gouiron, alors possession de Silvacane. Malgré cela, nous sommes loin de revendiquer cet ancien droit. La demande en serait inadmissible aujourd'hui, par la fin de non-recevoir que la prescription permettrait d'opposer, dans le cas où les terrains que traversait le chemin, ne seraient pas communaux. C'est un simple appel fait aux sentiments religieux, aux lumières et à l'esprit conservateur que nous aimons à supposer aux propriétaires de la portion des terrains qu'il faudrait traverser. Ce vœu est essentiel à réaliser pour faciliter la prochaine fréquentation de l'église Ste-Anne. Le rétablissement et l'agrandissement de ce troisième chemin seraient très avantageux aux habitants des maisons rurales placées près de Silvacane, ainsi qu'aux communes voisines des ponts de Cadenet et de Pertuis. Arrivés à Silvacane, les habitants de ces pays n'auraient à franchir qu'une très petite distance, pour arriver à Ste-Anne par le chemin dont nous sollicitons le rétablissement. Ils éviteraient les détours indispensables à faire sans ce secours, pour atteindre la Roque d'Antéron et surtout Lambesc, et ensuite les chemins qui aboutissent à la cime du mont.

Si cette proposition recevait un favorable accueil, on ne pourrait sans injustice demander que la Commission de Ste-Anne de Gouiron, dont les sacrifices pécuniaires sont déjà considérables, et de laquelle nous en solliciterons de nouveaux dans ce qui nous reste à dire, eût cette nouvelle dépense à sa charge. L'équité repousserait une pareille prétention, si l'on osait l'élever. Elle veut que les communes et les habitations rurales situées sur l'autre rive de la Durance, profitant des bienfaits de la restauration du monument, quoique elles n'y aient nullement participé, contribuent à la confection de cette troisième route, demandée dans leur unique intérêt. Ces diverses communes auraient d'autant plus de tort de s'y refuser, que le coût s'en réduirait à une bien minime somme pour ceux qui seraient appelés à y prendre part, puisqu'elle serait répartie sur les citoyens de plusieurs communes et sur un nombre considérable d'habitants des campagnes.

§. II.

PLATEAU DE SAINTE-ANNE DE GOUIRON.

Nous l'envisagerons d'abord sous le point de vue archéologique.

Il n'est personne qui ne convienne que l'exploration bien entendue de ce plateau, ne donnât lieu à des découvertes intéressantes, relativement à l'archéologie en général et aux modifications qu'elle pouvait avoir reçues dans la Provence. Nous présumons que ce lieu n'a jamais été l'objet de fouilles spéciales. Son isolement et l'indifférence dont il a été l'objet jusqu'à ce jour, en sont la véritable cause. Des fouilles suivies et soigneusement exécutées donneraient, sur ses premiers habitants, des notions certaines qu'on pourrait induire, de la rencontre de quelques pans de muraille, d'ustensiles, d'instruments, de quelque inscription. Ou nous errons étrangement, ou le succès couronnerait ces recherches; car, nous le répétons, le terrain n'a été défriché qu'à peu de profondeur, lorsqu'il fut livré à la culture. Il ne l'avait été même que partiellement et pour la plantation d'un certain nombre d'amandiers dont la végétation est arrêtée depuis longtemps, par les bâtisses de l'ancien bourg.

Il n'est pas impossible que des souterrains existent au nord du plateau, comme il en existe au midi. L'énorme quantité de matériaux précipités au pied de l'escarpement et dans toute la longueur de ce côté, est un obstacle pour s'en assurer en l'état des lieux.

On peut induire qu'il existe d'autres cavernes au milieu du plateau, par ce qui a été dit au sujet de l'ouverture située presque au centre, ouverture qui, vraisemblablement, servait d'entrée à un monument souterrain. Si cela est exact, on pourrait compter sur des découvertes curieuses. C'est en ce lieu peut-être que l'ancienne population avait caché les objets les plus précieux, dans l'espoir d'un prochain retour, pour les soustraire à la connaissance d'ennemis avides. L'expérience a plus d'une fois démontré la possibilité de notre assertion. Il pourrait se faire aussi que cette ouverture conduisît à un grand réservoir destiné à recueillir les eaux du ciel, pour les besoins des habitants. Cette dernière supposition offrirait encore un grand intérêt si elle se réalisait. En résumé, la destination de cette ouverture est douteuse; mais sa construction, faite à mains d'hommes, ne l'est point. Il est même permis de croire qu'elle remonte à la plus haute antiquité, au seul examen de quelques pans de murs existants encore au-dessus des débris dont cet espace a été comblé. Quelle que fût la destination de ce creux, on pourrait compter sur des découvertes intéressantes. A la première des hypothèses posées, se rattacherait la connaissance du peuple qui d'abord habita la localité, et la restitution d'un monument des Ligures, nos ancêtres, lequel, à ce que l'on peut raisonnablement croire, n'a éprouvé aucune dégradation. Dans le second cas, s'offrirait la possibilité de rendre le monument à sa première destination. Il serait peut-être sans exemple de voir un travail de ce genre, exécuté par les Gaulois, annihilé durant un grand nombre de siècles, être rendu aujourd'hui aux besoins de l'homme, pour lequel il avait été exécuté.

Si la ville de Lambesc demandait, avec l'autorisation du propriétaire, que des fouilles eussent lieu sur l'étendue du plateau; si le département, le gouvernement même, accordant cette demande, affectaient des fonds pour un si intéressant projet, il serait important que la surveillance en fût confiée à un directeur capable de faire exécuter les travaux avec autant d'intelligence que d'économie.

§. III.

OBSERVATOIRE.

Le plateau peut être envisagé sous une autre face. Nous rappelons que de toutes les parties qui le composent, l'horizon est immense. Cette considération établit suffisamment que le lieu est très favorable aux études astronomiques. Un observatoire élevé sur cette admirable position, rendrait dans plus d'une circonstance, de véritables services à la science. On y suivrait mieux qu'ailleurs et pendant plus longtemps, par exemple, la marche d'une comète et la durée de bien de phénomènes célestes.

On ne peut taire cependant que les dépenses de l'édification du bâtiment et l'achat des instruments dont il faudrait le munir, dépasseraient de beaucoup les minces ressources de la Commission de Ste-Anne de Gouiron. Mais si ses membres croyaient comme nous cet établissement d'une grande utilité scientifique, ils pourraient décider de mettre annuellement en réserve le surplus des sommes dont l'emploi aurait réclamé la priorité. Ce surplus serait destiné d'abord à commencer l'édifice, ensuite à le continuer, enfin à le terminer. On agirait de même pour l'acquisition des instruments, en commençant par les plus usuels et finissant par ceux qui formeraient le complément de l'appareil. Il faut l'avouer, bien des années s'écouleraient avant qu'on eût terminé un travail aussi considérable, si la Commission seule l'entreprenait. Il est présumable même que le soin de l'achèvement serait laissé aux successeurs des commissaires actuels. Aussi, en proposant la construction d'un observatoire, nous parlons dans la supposition la plus rigoureuse, c'est-à-dire, dans celle où la Commission serait réduite à ses seules ressources. Mais il y aurait lieu d'espérer que, vu l'utilité d'un pareil établissement, et pour abréger le temps considérable qu'entraînerait sa confection, on verrait le conseil général du département, venir à son aide.

Il faut tout dire pourtant. Il n'est pas présumable qu'on trouvât un astronome qui voulût se résoudre à habiter une montagne déserte, entourée de forêts et éloignée de toute demeure. Mais ce qui équivaudrait à la résidence et serait même préférable, sous le rapport de l'économie, c'est que tout astronome irait avec empressement, dans les occasions signalées, s'y livrer à des observations plus complètes que partout ailleurs, y étudier avec plus de succès le cours des astres et y constater plus facilement l'apparition des globes inconnus.

En attendant que ces vœux soient exaucés, on devrait, ce semble, charger l'ermite entretenu à Ste-Anne de Gouiron, du soin de constater les observations météorologiques qui, sur ce lieu élevé et entouré d'une atmosphère étendue, offriraient indubitablement une notable différence de celles faites dans les régions basses du même pays. Cette constatation pourrait avoir lieu sans aggraver la position du solitaire de Gouiron, ni les charges de la Commission.

Mais pour réaliser ce qui vient d'être proposé, il serait nécessaire en premier lieu, que le possesseur du plateau cédât la partie de son terrain sur laquelle serait élevé l'observatoire, de même qu'un sentier pour y arriver. Nous sommes loin de croire qu'il élevât des obstacles à la réalisation d'un vœu qui ne pourrait en nulle autre part, être exécuté avec autant de succès que sur ce point. Le noble caractère du propriétaire et son amour pour la science nous en donnent la certitude.

§. IV.

ÉGLISE SAINTE-ANNE.

Ce qui nous reste à dire tend à procurer au monument chrétien, plusieurs perfectionnements, à notre avis, indispensables.

Nous devons dire d'abord que les travaux de réparation ont été exécutés avec la solidité et l'attention qu'on devait attendre de la commission directrice des travaux. Il est facile de voir que le goût de la conservation a présidé à leur exécution et qu'on s'est généralement attaché à suivre le style du monument. Mais, selon nous, il faut revenir sur des détails passés inaperçus par les ouvriers et sur des soins portés là où il fallait s'en abstenir. C'est relativement à ces deux objets que nous allons présenter quelques observations.

Il existe un principe fondamental touchant la restauration des monuments anciens. Il consiste à laisser à ceux-ci, la physionomie particulière imprimée par le temps, à bannir toute allure de jeune construction qui ne leur convient nullement, et à s'attacher scrupuleusement à conserver la morne couleur passée par les siècles. Nous voulons parler du badigeon dont les murs ont été plusieurs fois enduits, surtout intérieurement. Ces couches successives, en détruisant l'aspect sévère qui s'alliait si bien aux idées religieuses et à la vétusté de l'édifice, ont peut-être produit d'autres graves inconvénients, car les divers badigeonnages subis par les murs, ayant acquis peu à peu une forte épaisseur, cachent d'abord la plupart des marques que les ouvriers avaient tracées sur les pierres formant l'appareil. Le hasard seul nous a procuré la découverte de l'inscription par laquelle nous avons connu le premier vocable de l'église. Il est possible que sur les pierres des côtés ou de dessous, se trouve le millésime indicatif du temps précis de la consécration. Quelqu'autre inscription, plusieurs peut-être, sont gravées sous les épaisses couches de chaux dont les murs sont couverts. Des couleurs qui avaient traversé ces couches parurent une défectuosité et motivèrent le dernier badigeonnage. Elles pourraient cependant être des restes d'anciennes peintures dont les murs ou la voûte auraient été peints ; car assez souvent dans le moyen-âge on exécutait à fresque, des peintures plus ou moins intéressantes sous le rapport de l'art, mais toujours curieuses sous celui de l'iconographie chrétienne, en ce qu'elles donnent la connaissance et l'explication des vieilles légendes. Ces peintures excitent à un haut degré la curiosité des savants; aussi le comité historique des arts et monuments, recommande à ses correspondants de faire religieusement conserver ces anciennes peintures, etc., et d'user pour l'obtenir, de toute l'influence qu'ils peuvent exercer sur les fabriques paroissiales, les corporations et les associations religieuses.

Voilà, ce nous semble, des raisons suffisantes pour engager la Commission de Sainte-Anne de Gouiron à faire débadigeonner au moins les murs intérieurs de l'église. Si notre avis est adopté, il faut que ce travail délicat soit confié à des mains prudentes et prêtes à s'arrêter au moindre indice de couleurs qui surgirait durant l'opération. On trouverait dans le sein même de la Commission, des personnes capables de diriger ces travaux.

Il est un autre point sur lequel nous engageons instamment à revenir; nous voulons parler des fenêtres et ouvertures ogivales, bouchées en différents temps. Il faut les restituer à l'église, afin que ce petit vaisseau paraisse tel qu'il était dans l'origine. Le rétablissement de l'ancien état des lieux, doit être le but des restaurateurs de l'église Ste-Anne. Qu'on ne dise pas, par exemple, qu'il fallait condamner la fenêtre ogivale du sanctuaire, pour faciliter le placement d'un tableau. Cette considération ne devait nullement arrêter, par la raison que de tels changements détruisent entièrement le style de l'édifice. Nous ferons observer encore que le placement d'un tableau en cet endroit, est contraire à la sévérité du bon goût qui n'admet point qu'un objet dont la surface est plane, repose sur un mur de forme convexe ou rentrante.

Il serait plus défectueux encore que la peinture exécutée en premier lieu sur une toile plane, suivît, lors du placement, les contours d'un mur rentrant, par la raison que la fuite des deux côtés du mur, déroberait à l'œil, ou amaigrirait une partie de la peinture, à moins que le spectateur ne suivît lui-même les contours du mur, pour voir les unes après les autres, les parties qui entrent dans la composition du sujet. Il faut généralement éviter de faire de pareilles peintures. Elles sortent du domaine de l'art, et ne peuvent être considérées que comme une anamorphose. Cependant si la nécessité y obligeait, on devrait les exécuter sur le lieu pour lequel elles seraient uniquement peintes, afin de calculer avec justesse le degré d'ampleur que devraient recevoir les objets représentés sur les deux murs fuyants qui s'adjoignent ensuite au demi-cercle, afin qu'ils parussent dans leur grosseur naturelle, du point de vue du tableau.

D'après ces considérations, nous pensons que pour ne pas priver les fidèles de la vue du tableau peint par M. Simonin, on pourrait placer cet ouvrage, véritablement digne d'estime, sur un mur latéral et à une hauteur convenable. Alors on ne serait pas obligé pour le voir, d'entrer dans le sanctuaire, sorte d'inconvenance qu'il faut éviter. Le tableau ne pourrait qu'y gagner, le jour de face produisant toujours un mauvais effet sur les peintures.

La Commission de Sainte-Anne de Gouiron peut, sans contredit, ne pas approuver les améliorations que nous proposons. Mais nous sommes convaincu qu'elle rendra justice à l'intention qui nous dirige. Admirateur du beau site de Sainte-Anne, profondément ému par les souvenirs historiques qu'il rappelle et le bel exemple que les hommes horables composant cette association, ont donné à leur concitoyens et à la contrée, nous eussions désiré coopérer activement à leurs travaux. Ne pouvant réaliser ce souhait, nous avons du moins voulu nous y associer, par l'offrande de ce faible témoignage de notre bon vouloir.

Nous aurions pu nous contenter de faire sur la plupart des objets qui viennent d'être indiqués, des observations verbales ; mais il nous a paru préférable de les rendre publiques, parce que ce qui vient d'être dit n'étant qu'une opinion individuelle, a besoin de passer au creuset de la critique. La publicité est une excellente épreuve. Ce qu'on dira pour ou contre notre opinion, sera parfaitement apprécié par la Commission qui, à l'aide de ses hautes lumières, pourra ensuite prononcer son arrêt, avec toute connaissance de cause.

Un autre motif nous a engagé à embrasser ce parti. Nous avons pensé que dans l'intérêt de l'art et par respect pour les œuvres de nos pères, il serait avantageux de propager le goût des monuments anciens auxquels très souvent le caprice des propriétaires et l'insatiable industrie, portent des coups mortels. En cherchant à répandre l'amour de la conservation, nous avons aussi tenu à indiquer la manière dont il faut opérer.

Si notre travail réussit, nous recueillerons la plus douce récompense que l'écrivain puisse obtenir ; le bonheur de porter son tribut d'utilité à l'accomplissement d'une bonne œuvre, l'approbation des amis de la conservation, enfin, la sympathie des savants et des amateurs de l'art.

NOTES.

(A) On commettrait la plus grande erreur, si l'on se fesait une idée de la chasse au temps où nous nous rapportons, par la chasse des temps modernes.

Dans les siècles les plus reculés et chez les premiers habitants de la Gaule, vivaient au milieu des immenses forêts dont le pays était couvert, des animaux terribles et d'une taille démesurée. Les espèces en avaient déjà disparu lors de la conquête romaine, parce que, dans l'origine, elles furent les premières attaquées. Il en existait cependant encore de fort grandes à cette époque, mais elles étaient peu nombreuses. Quoique souvent coriace, malsaine et de mauvais goût, leur chair était pour nos ancêtres, des mets délicieux. Les rivières et les marais offraient également de grandes ressources. Elles fournissaient des oiseaux inconnus aujourd'hui et d'énormes reptiles.

Nous n'avons pas à parler des animaux qui n'existaient plus, lors de la conquête; mais nous citerons ceux qu'on voyait à cette époque, et qui se conservèrent pendant quelques siècles encore.

Nous nommerons d'abord l'*Urus*, sorte de taureau qui, d'après César, était un peu moins grand que l'éléphant, mais d'une agilité et d'une force incroyables. Ce terrible quadrupède n'épargnait ni les hommes, ni les animaux, et la jeunesse gauloise se livrait à cette chasse avec passion, à cause même des dangers qu'elle entraînait. Les chasseurs qui pouvaient montrer un certain nombre de cornes d'Urus, étaient entourés d'une grande considération. Ils ornaient de métaux précieux, ces témoignages d'adresse et de courage, et dans les festins, ces cornes servaient au même usage que les vases à boire.

Outre l'Urus, il est parlé de taureaux sauvages non moins dangereux, de sangliers, d'ours, de boucs sauvages habitant, comme les ours, sur les montagnes. Il y avait deux espèces de boucs sauvages. La première ressemblait au bouc domestique. La seconde, aussi grande que le cerf, égalait cet animal en vitesse et en légèreté. Elle se plaisait sur les lieux élevés, et franchissait l'espace d'un roc à l'autre, avec une inconcevable agilité. Ce bouc était si vigoureux que d'un coup de tête, il pouvait écraser contre un rocher, l'homme le plus robuste.

Les dangers que présentait la poursuite de ces animaux, les frimats, les chaleurs suffoquantes, l'infection des marais, la difficulté de la marche dans des forêts touffues, rien ne pouvait diminuer l'ardeur des jeunes Gaulois. On comprend combien une pareille chasse devait faire naître et entretenir l'amour de la guerre, parmi les Celtes.

Indépendamment des espèces d'animaux dont il vient d'être parlé, les forêts étaient abondamment pourvues de cerfs, de daims, de chevreuils, de chamois et d'autres venaisons, dont la plupart ne servent aujourd'hui qu'à peupler les parcs des rois, des princes et des grands seigneurs.

Nous citerons encore parmi les animaux carnassiers, le loup, le renard, le loup cervier et la hyène, très communs dans ces temps reculés.

Les Gaulois se servaient à la chasse, de chiens renommés par leur vitesse et leur courage. Plusieurs auteurs anciens en font un grand éloge. Ils assurent que c'était pour la nation un objet de commerce. Les Gaulois tiraient aussi de l'Angleterre, des dogues qu'ils utilisaient non seulement à la chasse, mais encore à la guerre (1).

(B) Le bienheureux Heldrad ou Aldrad, qui fut, durant trente années, abbé du monastère de Novelaise, près de Suze, était né dans le XIe siècle, à *Oppidum Amboliacense*, de parents riches et illustres. Il y fit bâtir une église et un hopital (2). Les ruines de l'église existent encore au quartier de **San Peyre**, territoire de Lambesc, entre cette ville et le village de Rognes. Les auteurs de la statistique des Bouches-du-Rhône (3) pensent que le titre d'*oppidum* indique que c'était un lieu fortifié ; qu'*Amboliacense* peut être considéré comme l'adjectif d'*ambolium* qui est lui-même une altération d'*emporium* (marché). D'après cette opinion qui paraît probable, *Oppidum Amboliacense* présenterait l'idée d'une ville fortifiée où l'on tenait un mar-

(1) Legrand-d'Aussy, *Histoire de la vie privée des Français, depuis l'origine de la nation jusqu'à nos jours*, tom. I, pag. 304 et suivantes.
(2) Le P. Bougerel, oratorien, *Vies des Provençaux illustres*. Ms.
(3) Tom. II, pag. 334.

ché. La découverte de monnaies faite à la montagne de Gouiron, indique encore que ce marché était principalement fréquenté par les Marseillais.

Ce lieu ayant été livré depuis longtemps à l'agriculture, il ne reste plus aujourd'hui de vestiges d'*Oppidum Amboliacense*. On ne voit que des restes de l'église Saint-Pierre, qui sert actuellement de fénil. Parmi les matériaux d'un mur qui borde le chemin attenant, nous avons trouvé avec M. Tronc, propriétaire à Lambesc, quelques plaques de marbre gris et des débris d'anciennes poteries seulement.

—

(C) Nous ne citerons qu'un petit nombre de ces divinités topiques, constatées par les inscriptions : PELINUS, adoré dans les Alpes; MARS-IEUSDRINUS, près de Glandevès ; MARS-OLLOVIDIUS, près de Cannes; LERO, à l'île Ste-Marguerite; DEXIVIA, à Cadenet. Ducange croit que c'est la même que la déesse Fortune; CIRCIUS, que les Provençaux appellent le *mistral*, ou vent du nord-ouest, était adoré par toutes les peuplades liguriennes soumises à son influence; DULLOVIUS, à Vaison. Ce dieu était couronné de palmes ; TRITTIA, à Trest et à Carnoules; CALARUS, à Arles; les nymphes GRISELLICÆ, à Gréoulx, etc., etc.

On voit que malgré leur terminaison latine, ces noms ne font point partie de la théogonie romaine, ni grecque. Nous pourrions citer bien d'autres divinités topiques ; mais il suffit d'établir la certitude de leur culte. Nous renvoyons les lecteurs qui désireraient avoir des notions plus étendues sur cet objet, aux auteurs et aux ouvrages suivants :

PETRONI, *Arbit. Satyricon*.

HONORÉ BOUCHE, *Chorographie de Provence*, tom. I, pag. 222, 231, 283.

PAPON, *Histoire générale de Provence*, tom. I, pag. 33, 78, 86, 96, 99, 100, 108.

ACHARD, *Dictionnaire géographique de Provence*, aux mots *Carnoules, Auriol*.

MILLIN, *Voyage dans les Départements du midi de la France*, tom. II, pages 188, 557, tom. III, pag. 10, 568.

M. HENRY, *Recherches sur les Antiquités des Basses-Alpes,* pag. 153.

M. MARCELIN DE FONSCOLOMBE, *Notice sur une Inscription découverte à Gréoulx*.

M. ROBERT, *Essai sur les Eaux thermales d'Aix*, pag. 116.

Fac simile d'une Inscription publiée par M. le docteur HONORAT, de Digne.

Louis-Anselme BOYER, *Histoire de l'Église cathédrale de Vaison*, p. 2.

JOFREDI, pag. 10.

M. FORTIA-D'URBAN, *Mémoire et plan de travail sur l'histoire des Celtes*, note 4me, pag. 191.

Jean-Scholastique PITTON, *Annales de la Saincte Église d'Aix*, p. 24.

FANTONI, *Istoria della cita d'Avignone*, etc., tom. I, pag. 19.

MICHEL DE LOQUI, *Recherches sur les ruines d'Entremonts près d'Aix, (B.-du-Rhône), et sur les mœurs des Salyens*.

—

(D) Il est vraisemblable que la petite ville de Lambesc avait été formée par les débris de la population du bourg au milieu duquel était élevé un temple en l'honneur d'Iboïte, ensuite par les habitants d'Oppidum Amboliacense, qui avaient échappé aux massacres, et par ceux du bourg de Gouiron. Le plus ancien titre où il soit fait mention de Lambesc, est daté de l'année 966. C'est la donation de plusieurs propriétés, faite au monastère de Saint-Victor-lès-Marseille, par Honoré II, évêque de cette ville. Parmi les propriétés dont nous parlons, se trouve une église de St-Victor, bâtie sur les confins de Lambesc, *et in comitatu aquensi ecclesiam fundatam in termino castri Lambrisco* (1).

Dans le moyen-âge, Lambesc était appelé *Lambriscum, Lambiscum, Lambesca*. Cette ville ayant été ceinte de remparts dont on voit encore des restes, fut également nommée *Castrum de Lambrisco* ou de *Lambesco*.

—

(E) Il faut se méfier des chartes données par Pitton, parce qu'elles sont souvent altérées. Nous eussions désiré consulter le titre original que cet auteur assure se trouver dans les archives de St-Sauveur d'Aix. Mais la majeure partie des documents qui composaient ces archives, a disparu lors des événements de 1793, et le peu qui reste est aujourd'hui inaccessible.

Pour l'intelligence des mots *qui edificavit hunc honorem*, nous croyons devoir transcrire ce qu'on trouve dans le dictionnaire de Trévoux :

---

(1) *Statistique des Bouches-du-Rhône*, tom. II, pag. 938.

« Honneur s'est dit autrefois d'une terre titrée, comme Duché, Marquisat, Comté et Baronie. Les comtes appeloient leur comté, leur *honneur*. Le comte de Bourdeaux est appellé *l'honneur* de Bourdelois, dans le roman de Guarins-le-Loherancs. On disoit tenir son *honneur* de quelqu'un, comme on diroit aujourd'hui tenir ses terres en fief. Les honneurs en ce sens se trouvent dans les titres latins, nommez *honores*, c'est-à-dire des fiefs (1). »

(F) Nous donnons ici ce document d'autant plus volontiers, qu'il renferme quelques observations dont il sera toujours utile de profiter, dans les lieux où sont des ermitages.

Lettre de M. de Charleval, en réponse à celle des maire et consuls de la communauté de Lambesc, sur la plainte du F. Binet, ermite à Sainte-Anne de Gouiron.

« Messieurs,

« Je suis très sensible à l'honneur que vous m'avés fait, en me donnant connaissance de la plainte du prétendu hermite de Ste-Anne. J'espère que mes raisons vous convaincront de la frivolité de sa démarche.

« Si Binet, avoit été placé à Ste-Anne comme M. Molin, par une délibération et un acte authentique de la communauté, s'il avoit reçu l'habit d'hermite des mains de M. le curé de Rognes, auquel on l'avoit adressé pour cela, et qu'il fust muni d'une permission de monseigneur l'archevesque, j'aurois eu recours à la communauté et à notre prélat, pour réprimer les usurpations que ledit Binet faisoit sur mes terres, de sa seule autorité et sans m'en dire un seul mot. Mais comme tous ces titres lui manquent, j'ai cru devoir conserver les droits de la communauté, aux charges de laquelle je contribue assés considérablement, en lui disant de se retirer, n'étant pas revêtu, lors de son introduction à Ste-Anne, des formalités qui furent observées en 1614, et monseigneur l'archevesque ne lui ayant donné aucun pouvoir pour cela. Comme plus proche voisin de cette chapelle, j'ai plus d'intérêt que personne, qu'il ne se retire dans l'hermitage des gens sans aveu. Je suis exposé à être volé tant dans mon bois que dans les denrées de mes terres. Ce n'est pas un titre suffisant pour y demeurer, que d'avoir une soutane et un manteau sur les épaules, comme a fait ledit Binet contre le-

---

(1) *Dictionnaire universel François et Latin*, dit *Dictionnaire de Trévoux*, première édition, tom. III^er, pag. 676, ligne 35.

quel j'ai bien d'autres griefs, mais je ne fais point ici un libelle diffamatoire. Voilà pour ce qui le regarde. Quant à la chapelle, à l'hermitage et aux terres, j'ai l'honneur de vous assurer n'y prétendre aucun droit, que celui de veilleur à leur conservation, comme tout bon citoyen doit le faire. C'est ce motif qui m'engagea d'empêcher ledit Binet de se loger dans la chapelle, lors de son arrivée dans ce lieu. Gourret le masson peut vous attester ce fait. Les six banquaux dont le cadastre de 1557 fait mention, existent et n'ont jamais été cultivés par mes rentiers. Je ne veux rien de personne, encore moins de l'église. Si vous trouvés que cela ne remplisse pas la quantité que donne le cadastre, vous me ferés le plaisir de me faire voir par titre, en quoi le tout consiste et je m'exécuterai sur le champ sans procès ni contestation ; le jeu n'en vaudroit pas la chandelle, et n'ayant rien tant à cœur que de donner en toute occasion des marques de mon amour pour la justice et à vous en particulier, celle du respectueux attachement avec lequel j'ai l'honneur d'être, Messieurs, votre très humble et très obéissant serviteur,

« Signé : CHARLEVAL.

« *A Charleval, le 10 juillet* 1760.

« Enregistré par nous greffier et secrétaire de la communauté de Lambesc, le 12 juillet 1760.

« Signé : D*ecoup*, *greffier.*

www.ingramcontent.com/pod-product-compliance
Lightning Source LLC
LaVergne TN
LVHW021736080426
835510LV00010B/1278